BEI GRIN MACHT SICH IHR WISSEN BEZAHLT

- Wir veröffentlichen Ihre Hausarbeit, Bachelor- und Masterarbeit

- Ihr eigenes eBook und Buch - weltweit in allen wichtigen Shops

- Verdienen Sie an jedem Verkauf

Jetzt bei www.GRIN.com hochladen und kostenlos publizieren

Einblicke in die Sozial- und Gesundheitspolitik. Wichtige Schlüsselbegriffe

Lea Sophie Biechele

Bibliografische Information der Deutschen Nationalbibliothek:

Die Deutsche Nationalbibliothek verzeichnet diese Publikation in der Deutschen Nationalbibliografie; detaillierte bibliografische Daten sind im Internet über http://dnb.d-nb.de abrufbar.

ISBN: 9783346944092
Dieses Buch ist auch als E-Book erhältlich.

© GRIN Publishing GmbH
Trappentreustraße 1
80339 München

Druck und Bindung: Books on Demand GmbH, Norderstedt Germany
Gedruckt auf säurefreiem Papier aus verantwortungsvollen Quellen

Das vorliegende Werk wurde sorgfältig erarbeitet. Dennoch übernehmen Autoren und Verlag für die Richtigkeit von Angaben, Hinweisen, Links und Ratschlägen sowie eventuelle Druckfehler keine Haftung.

Das Buch bei GRIN: https://www.grin.com/document/1397057

Einsendeaufgabe

Modul:

Sozial- und Gesundheitspolitik

Studiengang:

Soziale Arbeit

von

Lea Sophie Biechele

Inhaltsverzeichnis

Abkürzungsverzeichnis

BRD	= Bundesrepublik Deutschland
bspw.	= beispielsweise
bzgl.	= bezüglich
GG	= Grundgesetz für die Bundesrepublik Deutschland in der im Bundesgesetzblatt Teil III, Gliederungsnummer 100-1, veröffentlichten bereinigten Fassung, das zuletzt durch Artikel 1 u. 2 Satz 2 des Gesetzes vom 29. September 2020 (BGBl. I S. 2048) geändert worden ist
ggf.	= gegeben Falls
GKV	= Gesetzliche Krankenversicherung
i.d.R.	= in der Regel
KiTa	= Kindertagesstätte
PrävG	= Gesetz zur Stärkung der Gesundheitsförderung und der Prävention (Präventionsgesetz)
SGB	= Das Erste Buch Sozialgesetzbuch – Allgemeiner Teil – (Artikel I des Gesetzes vom 11. Dezember 1975, BGBl. I S. 3015), das zuletzt durch Artikel 2 des Gesetzes vom 12. Juni 2020 (BGBl. I S. 1248) geändert worden ist
SGB II	= Das Zweite Buch Sozialgesetzbuch – Grundsicherung für Arbeitsuchende – in der Fassung der Bekanntmachung vom 13. Mai 2011 (BGBl. I S. 850, 2094), das zuletzt durch Artikel 2 des Gesetzes vom 6. Oktober 2020 (BGBl. I S. 2072) geändert worden ist
SGB III	= Das Dritte Buch Sozialgesetzbuch – Arbeitsförderung – (Artikel 1 des Gesetzes vom 24. März 1997, BGBl. I S. 594, 595), das zuletzt durch Artikel 24 des Gesetzes vom 22. Dezember 2020 (BGBl. I S. 3256) geändert worden ist
SGV IV	= Das Vierte Buch Sozialgesetzbuch – Gemeinsame Vorschriften für die Sozialversicherung – in der Fassung der Bekanntmachung vom 12. November 2009 (BGBl. I S. 3710, 3973; 2011 I S. 363), das zuletzt durch Artikel 7 des Gesetzes vom 3. Dezember 2020 (BGBl. I S. 2668) geändert worden ist

SGB V	= Das Fünfte Buch Sozialgesetzbuch – Gesetzliche Krankenversicherung – (Artikel 1 des Gesetzes vom 20. Dezember 1988, BGBl. I S. 2477, 2482), das zuletzt durch Artikel 1 des Gesetzes vom 9. Dezember 2020 (BGBl. I S. 2870) geändert worden ist
SGV VI	= Das Sechste Buch Sozialgesetzbuch – Gesetzliche Rentenversicherung – in der Fassung der Bekanntmachung vom 19. Februar 2002 (BGBl. I S. 754, 1404, 3384), das zuletzt durch Artikel 3c des Gesetzes vom 3. Dezember 2020 (BGBl. I S. 2682) geändert worden ist
SGB VII	=Das Siebte Buch Sozialgesetzbuch – Gesetzliche Unfallversicherung – (Artikel 1 des Gesetzes vom 7. August 1996, BGBl. I S. 1254), das zuletzt durch Artikel 3 des Gesetzes vom 11. Dezember 2020 (BGBl. I S. 2880) geändert worden ist
SGB XI	= Das Elfte Buch Sozialgesetzbuch – Soziale Pflegeversicherung – (Artikel 1 des Gesetzes vom 26. Mai 1994, BGBl. I S. 1014, 1015), das zuletzt durch Artikel 3 des Gesetzes vom 22. Dezember 2020 (BGBl. I S. 3299) geändert worden ist
SGB XII	= Das Zwölfte Buch Sozialgesetzbuch – Sozialhilfe – (Artikel 1 des Gesetzes vom 27. Dezember 2003, BGBl. I S. 3022, 3023), das zuletzt durch Artikel 3 Absatz 7 des Gesetzes vom 9. Oktober 2020 (BGBl. I S. 2075) geändert worden ist
sog.	= sogenannte/ n
SV	= Sozialversicherung
u. a.	= unter anderem
WHO	= Weltgesundheitsorganisation
z.B.	= zum Beispiel

Abbildungsverzeichnis

6

Tabellenverzeichnis

Anlagenverzeichnis

Vorwort

Aus Gründen der besseren Lesbarkeit wird in dieser Einsendeaufgabe auf das Gendern verzichtet, gemeint sind natürlich stets alle Geschlechter.

A1) Über Sozialpolitik, den Sozialstaat und das System der sozialen Sicherung

Um die Zusammenhänge der Begrifflichkeiten „(staatliche) Sozialpolitik", „Sozialstaat" und „System der sozialen Sicherung" in vollem Ausmaß nachvollziehen zu können, muss zunächst einmal jeder Begriff für sich betrachtet werden. Allem voran soll in Kürze der Begriff des „sozialen Handelns" näher erläutert werden, da er in diesem Kontext ebenfalls von großer Bedeutung ist.

Soziales Handeln

Im umgangssprachlichen Gebrauch wird soziales Handeln oft mit hilfsbereitem oder uneigennützigem Handeln gleichgesetzt. Bei sozialen Interaktionen gibt es immer mindestens zwei Beteiligte. Soziales Handeln im soziologischen Sinne meint das aufeinander bezogene, zwischenmenschliche Handeln, dem eine bestimmte Absicht zugrunde liegt (Roggenthin, 2017, S. 12). Dabei kann es sich laut Weber (1985) sowohl um äußeres als auch um inneres Tun, Unterlassen oder Dulden handeln. Vorausgesetzt der Handelnde verbindet damit einen subjektiven Sinn.

Sozialstaat

Rechtlich ist das Prinzip des Sozialstaates im deutschen Grundgesetz verankert. Artikel 20 Absatz 1 GG fordert den sozialen Bundesstaat, während Artikel 28 Absatz 1 S. 1 GG die Bundesrepublik Deutschland als sozialen Rechtsstaat festlegt. Die genannten Prinzipien werden durch die Ewigkeitsklausel in Artikel 79 Absatz 3 GG geschützt.

Kurz gesagt macht es sich der Sozialstaat zur Aufgabe zur Daseinsvorsorge und zum Schutz des Individuums vor unsozialen, ungerechten Maßnahmen oder Auswirkungen und damit schließlich zur Zukunftsgestaltung der Gesellschaft beizutragen (Butterwegge, 2018, S. 16). Die gesetzliche Grundlage hierfür findet sich in § 1 SGB I: „Das Recht des Sozialgesetzbuchs soll zur Verwirklichung sozialer Gerechtigkeit und sozialer Sicherheit Sozialleistungen einschließlich sozialer und erzieherischer Hilfen gestalten. Es soll dazu beitragen, ein menschenwürdiges Dasein zu sichern, gleiche Voraussetzungen für die freie Entfaltung der Persönlichkeit, insbesondere auch für junge Menschen, zu schaffen, die Familie zu schützen und zu fördern, den Erwerb des Lebensunterhalts durch eine frei gewählte Tätigkeit zu ermöglichen und besondere Belastungen des Lebens, auch durch Hilfe zur Selbsthilfe, abzuwenden oder auszugleichen." Zentrale Zielsetzungen des Sozialstaates sind somit Soziale Gerechtigkeit und Soziale Sicherheit.

Die Ausgestaltung dieser Ziele ist abhängig von der wirtschaftlichen und sozialen Entwicklung, sowie dem gesellschaftlichen Bewusstsein des Landes. Dies verpflichtet den Gesetzgeber dazu, die sozialen Gegebenheiten ständig zu prüfen und Maßnahmen ggf. anzupassen (Pötzsch, 2009). Den Kern des Sozialstaates bilden die Systeme der sozialen Sicherung, sie kennzeichnen das Leistungsspektrum des Sozialstaats (vgl. Abb. 1) und werden im Verlauf dieser Aufgabe noch intensiv beleuchtet. Der Sozialstaat steckt den Rahmen und setzt die Ziele. Die Sozialpolitik ist dabei das Mittel zur Umsetzung, um soziale Benachteiligungen abzuwenden oder auszugleichen (Butterwegge, 2018, S. 11–16).

Abbildung 1: Leistungsspektrum des deutschen Sozialstaates

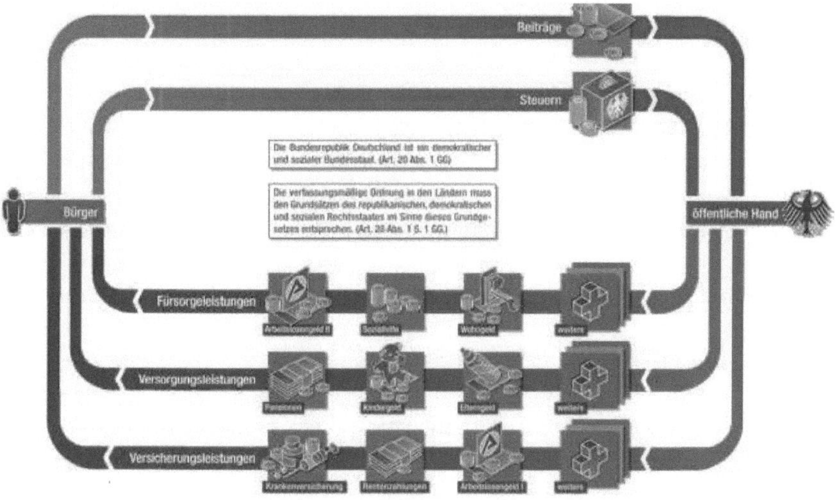

Quelle: Bundeszentrale für politische Bildung, 2013

Vergangenheit und Entstehung des Sozialstaates verdeutlichen nochmals die Dynamik des Sozialstaatprinzips und die Notwendigkeit der ständigen Überprüfung der sozialen Verhältnisse innerhalb des Landes. Butterwegge unterteilt die Entstehung des Sozialstaates, wie wir ihn heute in Deutschland kennen, in vier Etappen: Die Konstitutionsphase (1870/71 bis 1914), die vom NS-Regime negativ beeinflusste Konsolidierungsphase (1914 bis 1945), die Rekonstruktions- und Ausbauphase (1945 bis 1974/75) sowie die seit 1975/ 76 bis heute geltende Um- bzw. Abbauphase (Butterwegge, 2018, S. 37). Aus Platzgründen liegt der Fokus nachfolgend hauptsächlich auf der Konstitutionsphase, da hier der Grundstein für das heutige System der sozialen Sicherung gelegt wurde.

Historischer Rückblick

Die Sozialgesetzgebung Bismarcks prägt den deutschen Sozialstaat noch heute, wenn auch die Trennung von Arbeiter- und Armenpolitik charakteristisch für seine Vorstellung eines Sozialstaates waren. In den 1880er Jahren wollte dieser mit Hilfe der Einführung der Sozialversicherungen die Arbeiterschaft für die bestehende Staats- und Gesellschaftsordnung gewinnen und damit die „Arbeiterfrage"[1] lösen. Sein Ziel war es, den

---

[1] Entstandene Probleme der Bevölkerung durch den Übergang von der Agrar- hin zur Industriegesellschaft.

Einfluss der Sozialdemokratie (Trinius & Hetterich, 2013) zurückdrängen und entsprechenden revolutionären Bestrebungen entgegenzuwirken. Die Krankenversicherung wurde 1883 eingeführt, ein Jahr später die Unfallversicherung und 1989 folgte die Rentenversicherung (damals: Invaliditäts- und Altersversicherung). Die Sozialversicherungsgesetze wurden jedoch erst ca. 20 Jahre später, nämlich im Jahre 1911, in der „Reichsversicherungsordnung" niedergeschrieben (Amthor, 2016, S. 142–143). Als „Nachzügler" folgte 1927 die Arbeitslosenversicherung (Oschmiansky & Kühl, 2010). Für die damalige Zeit war dies verglichen mit den Zuständen in anderen Ländern ein außerordentliches System sozialer Sicherung, das erstmals zum individuellen Rechtsanspruch auf Versicherungsleistungen führte (Butterwegge, 2018, S. 46).

Angesichts der Trennung von Arbeits- und Armutsbevölkerung im Deutschen Kaiserreich waren die Zustände dennoch keinen Falls optimal. Dies verbesserte sich als zur Jahrhundertwende das „Straßburger System" eingeführt wurde. Veranlasst wurden damit die Entstehung von Einrichtungen und Maßnahmen der Gesundheitsfürsorge sowie die Anstellung von besoldeten Berufskräften. Für Adressaten die nicht von den gesetzlichen Sozialversicherungen profitieren konnten fanden sich damit auch Hilfen und Ansprechpartner. Schon ab 1910 entstanden in einigen deutschen Großstädten kommunale Arbeits-, Wohnungs-, Gesundheits- und Jugendämter (Amthor, 2003, S. 195–198).

Das Bestehen der geschaffenen Grundlagen des Sozialstaates wurde in der Zeit des zweiten Weltkriegs durch die damalige Besatzungsherrschaft stark bedroht, diese sah ein anderes Sozialsystem für Deutschland vor. Nach dem Krieg beschloss der erste deutsche Bundestag jedoch die Wiedereinführung der traditionellen Sozialversicherungen und begann mit dem Wiederaufbau und der Neuorganisation des deutschen Sozialstaates (Oschmiansky & Kühl, 2010). Das System der sozialen Sicherung wie wir es heute kennen, wurde mit den Jahren immer weiter ausdifferenziert und auf bestehende Bedarfe angepasst. Dies ist Thema des nächsten Abschnitts.

System der sozialen Sicherung

Alle staatlichen Maßnahmen die dazu beitragen Bürger in Notlagen, die nicht aus eigener Kraft bewältigt werden können, unterstützend zu begleiten bzw. einer eventuellen Notlage vorzubeugen, haben ihre Wurzeln im System der sozialen Sicherung. Solche Notlagen sind große Lebensrisiken die mit

- dem dauernden oder vorübergehenden, durch Arbeitslosigkeit, Alter, Unfall und Krankheit hervorgerufenen Verlust des Arbeitseinkommens,

- dem Tod des Haupternährers der Familie

und

- unvorhergesehenen Ausgaben im Fall von Mutterschaft, Unfall, Krankheit oder Tod

in Zusammenhang stehen (Althammer & Lampert, 2014, S. 245–248).

Hentschel drückt dies wie folgt aus: „Zum System der sozialen Sicherung gehören der überwiegend materielle Schutz bei Krankheit, Invalidität und Arbeitslosigkeit, im Alter und beim Tod des Ernährers, die Minderung besonderer Belastungen sowie das Bemühen, alle Staatsbürger mit einem historisch variablen Mindestmaß an Lebensgütern auszustatten." (1983, S. 7)

Das System der sozialen Sicherung fußt auf drei Säulen: Der Fürsorge (Sozialhilfe), der Versorgung und der Sozialversicherung (vgl. Abb. 2).

Abbildung 2: Die drei Säulen des Systems der sozialen Sicherung

Das System der sozialen Sicherung		
Fürsorge (Sozialhilfe)	Versorgung	Sozialversicherung
Grundlage für Leistungen:	Grundlage für Leistungen:	Grundlage für Leistungen:
Bedürftigkeit	Dienstverhältnis	Beitragszahlungen (Versicherungsprinzip)
z.B. - Sozialhilfe - Krankenhilfe	z.B. - Beamtenpensionen - Beihilfe bei Krankheit - Kriegsopferpensionen	z.B. - Gesetzliche Krankenversicherung - Gesetzliche Unfallversicherung - Gesetzliche Rentenversicherung - Gesetzliche Arbeitslosenversicherung - Gesetzliche Pflegeversicherung

Quelle: Gerlinger & Burkhardt, 2012a

Fürsorge (Sozialhilfe)

Die klassischen sozialstaatlichen Fürsorgeleistungen sind in SBX II *Grundsicherung für Arbeitssuchende* und SGB XII *Sozialhilfe* geregelt. Wenn die versicherungsrechtlichen Leistungen der Arbeitsförderung nicht (mehr) greifen, schließt die Grundsicherung für Arbeitssuchende an. Diese richtet sich an erwerbsfähige, hilfebedürftige Personen. Die Sozialhilfe hingegen ist ausgelegt für Personen, die bedürftig sind, dem Arbeitsmarkt jedoch wegen Alters oder voller Erwerbsminderung nicht (mehr) zur Verfügung stehen. Zuständige Instanzen sind die Bundesagentur für Arbeit, kommunale Gebietskörperschaften, die Länder und ergänzend dazu Träger der freien Wohlfahrtspflege. Die Leistungen der Sozialhilfe werden aus Steuermitteln finanziert. Die Leistungsgesetze fußen auf folgenden Strukturprinzipien: Sicherung des garantierten Existenzminimums, Vorrangigkeit der kleineren Einheit (Subsidiaritätsprinzip), weitgehende Pauschalisierung der Leistungen, individuelle existenzsichernde Bedarfsermittlung auf Grundlage der konkreten tatsächlichen Umstände des Einzelfalls (Bedarfsdeckungsprinzip), Leistungen dienen dem Ziel der Deckung eines konkreten aktuellen Bedarfs (Finalprinzip), Selbsthilfeverpflichtung des Einzelnen (SGB II Grundsatz des „Förderns und Forderns") (Möller, 2019, S. 258–260). Fürsorge bzw. Sozialhilfe kann als eine Art Auffangnetz betrachtet werden, sie ist das letzte Mittel gegen Armut (Althammer & Lampert, 2014, S. 408–409).

Versorgung

Gem. § 5 SGB I hat Anspruch auf Versorgungsleistungen wer „einen Gesundheitsschaden erleidet, für dessen Folgen die staatliche Gemeinschaft in Abgeltung eines besonderen Opfers oder aus anderen Gründen nach versorgungsrechtlichen Grundsätzen einsteht". Betroffene und ihre Hinterbliebenen haben durch dieses Gesetz ein Recht auf notwendige Maßnahmen zur Erhaltung, Verbesserung und Wiederherstellung der Gesundheit und Leistungsfähigkeit sowie auf eine angemessene wirtschaftliche Versorgung. (§ 5 SGB I) Leistungsempfänger sind z.B. Kriegsopfer, Opfer von Gewalttaten und politische Häftlinge. Auch Kindergeldempfänger werden hier dazugerechnet. Versorgungsleistungen werden ebenfalls aus Steuermitteln finanziert. (Pollert, Kirchner & Pollert, 2016, S. 201)

Sozialversicherung

Die Sozialversicherung besteht aus mehreren Versicherungszweigen, dies sind: Die Krankenversicherung, die Unfallversicherung, die Rentenversicherung, die Arbeitslosenversicherung und die Pflegeversicherung. Gesetzesgrundlage ist das SGB und hierbei insbesondere SGB III, SGB IV, SGB V, SGB VI, SGB VII, und SGB XI (Bäcker, 2015, S. 1519). Die Versicherungsleistungen zielen auf die Vorsorge von Einkommensausfall durch Faktoren wie z.b. Alter, Arbeitslosigkeit, Invalidität, Krankheit oder Pflegebedürftigkeit ab (Bundeszentrale für politische Bildung, 2013). Das System der Sozialversicherung stützt sich dabei auf mehrere Prinzipien. Das bereits genannte **Solidaritätsprinzip** ist Grundlage für die Pflichtversicherung (**Versicherungsprinzip**). Menschen die einen höheren Hilfsbedarf haben, werden durch die anderen Beitragszahler abgesichert. Die Finanzierung geschieht an Hand von Beiträgen, die mit Hilfe von Prozentsätzen vom Arbeitnehmerbruttolohn abgezogen und vor Auszahlung des Nettolohns an die zuständigen Kassen überwiesen werden. Die Beiträge werden anteilig vom Arbeitgeber bezuschusst. Eine Ausnahme bildet hier die Unfallversicherung, diese wird allein durch den Arbeitgeber finanziert (Trinius & Hetterich, 2009). Im Mittelpunkt der SV stehen berufstätige Personen. Familienangehörige von abhängig Beschäftigten sind zu Teilen mitversichert. Selbstständig Erwerbstätige, abhängig Beschäftigte und Menschen ohne festes Einkommen werden jedoch häufig nicht oder nicht ausreichend durch die SV geschützt. (Bäcker, 2015, S. 1519) Das **Kausalprinzip**, das dem bereits genannten Finalprinzip gegenübersteht, begründet, dass ein Anspruch auf Versicherungsleistungen nicht (nur) durch Einkommensausfall entsteht. Der Anspruch muss durch einen Risikofall in Kombination mit einem Anspruchsgrund nachgewiesen werden. Ein Sachverhalt kann durch unterschiedliche Gründe herbeigeführt werden, so kann z.B. Arbeitsunfähigkeit in Folge von Unfall, Krankheit, Kündigung etc. ausgelöst werden. Dadurch kann auch die Zuständigkeit des Kostenträgers und die Art und Höhe der Leistungen bei zwei Sachverhalten gleicher Art variieren. (Bäcker, 2015, S. 1520–1521) Abschließend zu nennen ist das **Äquivalenzprinzip**. Dies meint den „Grundsatz der Gleichwertigkeit von Leistung und Gegenleistung". Je höher das Risiko ist, desto höher ist auch der zu zahlende Beitrag (Bormann, 2012, S. 86).

Sozialpolitik

Die Umschreibungen des Begriffs Sozialpolitik sind vielfältig und bis heute gibt es keine allgemeingültige Definition. Beschrieben werden kann die Sozialpolitik als Mittel zur Abwendung bzw. zum Ausgleich von sozialen Benachteiligungen und Gegensätzen innerhalb einer Gesellschaft, die durch politisches Handeln hervorgerufen worden sind. Hierbei beachtet sie laut Kaufmann (2003) neben personalen stets auch systemfunktionale

Aspekte: „Sozialpolitik, auch soziale Umverteilungspolitik, ist eine Weise, in der sich ein Gemeinwesen seiner basalen Solidarität versichert. Und es tut dies um des kollektiven Nutzens willen, wie der Humankapitalbildung, der inneren Pazifizierung oder der Verwirklichung akzeptierter Werte" (Kaufmann, 2003, S. 180). Die Sozialpolitik wird getragen von sozialen Norm- und Wertvorstellungen innerhalb einer Gesellschaft. Dies meint, dass sich ihr Erkenntnisinteresse auf die Wünsche und Ziele der in ihr lebenden Menschen konzentriert (Benz, Huster, Schütte & Boeckh, 2015). In der BRD sind dies laut GG z.B. Werte wie Freiheit und Gleichheit aller Menschen. Normen hingegen sind als Richtschnur für gesellschaftlich akzeptiertes Handeln anzusehen (Vester, 2009, S. 55–58). Konkretisiert wird die Sozialpolitik durch den Sozialstaat. Was sie normativ vorgibt, setzen die Institutionen, Einrichtungen und Akteure im Sozialstaat in die Praxis um. Die Sozialpolitik als Feld staatlicher Interventionen innerhalb der Gesellschaft wird getragen von gesellschaftlichen Interessengruppen. Dazu zählen sowohl soziale Bewegungen wie z.B. die Arbeiter- oder die Frauenbewegung als auch daraus entstandene Organisationen wie z.B. Parteien, Verbände und Bürgerinitiativen (Benz et al., 2015).

Sozialpolitik soll zu einem gerechteren Verteilungskompromiss materieller und immaterieller Rechte, Pflichten und Unterstützungsleistungen beitragen. Dabei umfasst sie Maßnahmen, Leistungen und Dienste, die zum Ziel haben sozialen Risiken und Probleme vorzubeugen, ihren Bürgern ein „gutes Leben" zu ermöglichen, in dem sie sich frei entwickeln und ihre Persönlichkeit entfalten können, Voraussetzungen dafür zu schaffen, die Bürger dazu zu befähigen und zu aktivieren ihre Probleme selbst zu lösen, die Auswirkungen sozialer Probleme auszugleichen sowie die Lebenslagen einzelner Personen und Personengruppen zu sichern und zu verbessern (Benz et al., 2015).

Von privaten Formen der sozialen Hilfe kann Sozialpolitik insofern unterscheiden werden, dass diese i.d.R. nicht mit einem allgemeinverbindlichen Rechtsrahmen verknüpft sind. Neben der Umsetzung des Sozialrechts richtet sich die Sozialpolitik auch nach den Veränderungen der Lebensumstände vor Ort, den daraus resultierenden Handlungsanforderungen sowie den zur Verfügung stehenden bzw. gestellten Ressourcen (Benz et al., 2015).

A2) Ein Einblick in die Gesundheitspolitik

Dass die Gesundheit das höchste Gut eines jeden Menschen ist, wird in Anbetracht der aktuellen Entwicklungen der Corona Pandemie noch stärker bewusst. Das Wort „Gesundheit" ist tagtäglich in aller Munde. Doch was genau bedeutet es eigentlich „gesund" zu sein? Langezeit wurde Gesundheit ausschließlich als Abwesenheit von Krankheit betrachtet. 1948 wurde diese rein biomedizinische Sichtweise durch die Auffassung von Gesundheit in der Satzung der Weltgesundheitsorganisation (WHO) abgelöst (Hurrelmann & Franzkowiak, 2015).

„Gesundheit ist ein Zustand völligen psychischen, physischen und sozialen Wohlbefindens und nicht nur das Freisein von Krankheit und Gebrechen. Sich des bestmöglichen Gesundheitszustandes zu erfreuen ist ein Grundrecht jedes Menschen, ohne Unterschied der Rasse, der Religion, der politischen Überzeugung, der wirtschaftlichen oder sozialen Stellung" (World Health Organization, 1948)

Die Entstehung der modernen Industriegesellschaften Mitte des 19. Jahrhunderts führte dazu, dass Gesundheit und medizinische Versorgung der Bevölkerung zunehmend in den Mittelpunkt der Politik rückten. Seither ist der Staat bemüht, viele die Gesundheit betreffende Aspekte durch Gesetze zu regeln. Dies führte zur Gründung zahlreicher Institutionen und der Festlegung von Zuständigkeiten in den einzelnen Bereichen. Die Einführung der gesetzlichen Krankenversicherung (GKV) war hierbei durchaus prägend (Gerlinger & Burkhardt, 2012b). Lange Zeit lag der Fokus der Gesundheitspolitik auf Fragen zur Steuerung und Finanzierung der Krankenversorgung. Das hierbei inzwischen ein Wandel stattgefunden hat, ist am, im Jahre 2015 verabschiedeten, Gesetz zur Stärkung der Gesundheitsförderung und der Prävention (PrävG) deutlich erkennbar. Dazu im späteren Verlauf dieser Arbeit mehr (Hartung, Dieterich & Rosenbrock, 2020).

Der medizinische Fortschritt, die sich entwickelnde Vielfalt von gesundheitsbezogenen Produkten, Dienstleistungen und Anbietern sowie die exponentiell wachsende Nachfrage der Bevölkerung nach Gesundheitsleistungen hat neben den Aktivitäten des Staates nicht zuletzt dazu beigetragen, dass das Gesundheitswesen einer der bedeutsamsten gesellschaftlichen Teilsysteme und Wirtschaftssektoren geworden ist. In Anbetracht der deutschen Bevölkerungsstruktur, der geringen Geburtenrate und der stetig steigenden Lebenserwartung wird die Bedeutung des Gesundheitswesens in den kommenden Jahrzehnten voraussichtlich auch weiterhin zunehmen (Gerlinger & Burkhardt, 2012b).

Gesundheitspolitik

Die Gesundheitspolitik befasst sich mit der Generierung von Interventionen zur Förderung, Erhaltung und (Wieder-)Herstellung von Gesundheit, sowie der Bewältigung von Krankheiten und ihren Folgen im Sinne der Bevölkerung. Sie macht es sich zur Aufgabe den Bürgen die Erkenntnisse aus der Forschung bzgl. der Frage „Was ist gut/ schlecht für die Gesundheit?" in Form von Programmen, Strukturen und Prozessen nahe zu bringen. Dabei setzt sie sich stetig mit den dafür maßgeblichen Normen, Institutionen und kulturellen Orientierungen auseinander. Wesentliche Elemente der Gesundheitspolitik sind demnach Zielformulierung, Finanzierung, Maßnahmengestaltung, Qualitätssicherung und –entwicklung, sowie die Gestaltung, Steuerung, Qualifizierung und Finanzierung der an der Umsetzung beteiligten Institutionen und Berufsgruppen (Hartung et al., 2020).

Wichtige Elemente zur Zielerreichung der Gesundheitspolitik - also der Verbesserung der gesundheitlichen Lage der Bevölkerung - sind neben (Krankheits-)Prävention und Gesundheitsförderung durch Reduzierung pathogener Belastungen und der Förderung salutogener Ressourcen auch Krankenversorgung und Rehabilitation. Hierbei gelten die Grundsätze der Selbstbestimmung des Individuums, des Schutzes der Benachteiligten und des Empowerments. Gehandelt werden soll wie in der Medizin nur dann, wenn die gewünschten Wirkungen voraussichtlich sicher eintreten, mögliche unerwünschte Wirkungen deutlich übertroffen werden können oder mögliche unerwünschte Wirkungen tolerabel sind (Hartung et al., 2020). Die Teilaufgabe dieser Einsendeaufgabe legt ihren Fokus auf die Gesundheitspolitik im Sinne von Präventionspolitik.

Gesetz zur Stärkung der Gesundheitsförderung und der Prävention (Präventionsgesetz - PrävG)

Deutschland hat das Augenmerk im Laufe der Jahre immer stärker auf Primärprävention und Gesundheitsförderung gelegt. Dies wird von vielzähligen staatlichen und zivilgesellschaftlichen Institutionen und Organisationen gefördert. An diesem Punkt ist erneut das 2016 in Kraft getretene Präventionsgesetz zu nennen (Hartung et al., 2020). Das PrävG macht es sich zur Aufgabe die Grundlagen für die Zusammenarbeit von Sozialversicherungsträger, Länder und Kommunen in den Bereichen Prävention und Gesundheitsförderung zu verbessern. Das gilt für Menschen aller Altersgruppen und für eine Vielzahl von Lebensbereichen wie z.B. im Kindergarten, in der Schule, am Arbeitsplatz oder im Pflegeheim. So konnten bspw. die Früherkennungsuntersuchungen optimiert und wichtige Maßnahmen zum Impfschutz getroffen werden (Bundesministerium für Gesundheit,

2019). Das PrävG besteht im Wesentlichen aus einer Ausdehnung der im Jahre 2000 in Kraft getretenen Bestimmungen des SGB V, insbesondere auch dem GKV-Gesundheitsreformgesetz. Somit sind die gesetzlichen Krankenkassen die Hauptadressaten des PrävG (Gerlinger, 2018). Dabei ist eine enge Kooperation zwischen den Kassen und anderen Trägern wie bspw. der Bundesagentur für Arbeit und den kommunalen Trägern der Grundsicherung für Arbeitsuchende gefragt (§ 20a Abs. 1 SGB V).

Bzgl. der Leistungsarten und Ziele des PrävG wird zwischen Primärprävention (Leistungen zur Verhinderung und Verminderung von Krankheitsrisiken) und Gesundheitsförderung (Leistungen zur Förderung des selbstbestimmten gesundheitsorientierten Handelns der Versicherten) unterschieden (§ 20 Abs. 1 SGB V). Dabei gibt es drei Leistungsarten: Leistungen der individuellen Verhaltensprävention, Leistungen zur Gesundheitsförderung und Prävention in Lebenswelten, sowie Leistungen der betrieblichen Gesundheitsförderung (§ 20 Abs. 4 SGB V). Die Einführung des PrävG hatte außerdem zur Folge, dass die Verminderung der geschlechtsbezogenen Ungleichheit von Gesundheitschancen an Aufmerksamkeit gewann (§ 20 Abs. 1 SGB V).

Bei der Umsetzung seiner Aufgaben hat der GKV-Spitzenverband neun national geltende Gesundheitsziele zu berücksichtigen, diese werden aus Platzgründen in Anlage 2 tabellarisch dargestellt. Die Ursprünge der nationalen Gesundheitsziele liegen bereits 40 Jahre zurück, seither wurden sie stetig überarbeitet und ergänzt. Die WHO hatte dabei einen starken Einfluss. 1978 verabschiedete diese ihr erstes weltweites Gesundheitszielprogramm „Health for all", dem folgte 1984 die Verabschiedung des europäischen „Gesundheit für alle bis zum Jahr 2000". Einige Überarbeitungen und Konzepte später wurde im Jahre 2012 das europäische Rahmengesundheitskonzept „Health 2020" vom europäischen Regionalbüro der WHO und den 53 Mitgliedstaaten der europäischen Region beschlossen. Die strategischen Ziele dieses Konzeptes lauten „Verbesserung der Gesundheit für alle und Verringerung der gesundheitlichen Ungleichheiten" sowie „Verbesserung von Führung und partizipatorischer Steuerung für die Gesundheit" (Gerlich, Schwartz & Walter, 2018).

Ottawa-Charta zur Gesundheitsförderung

Seit der Vorstellung der Ottawa-Charta zur Gesundheitsförderung der WHO im Jahre 1986 wird Gesundheit als Querschnittthema definiert, das eine Gesundheitsfördernde Gesamtpolitik voraussetzt. Die Jakarta-Erklärung für die Gesundheitsförderung im 21. Jahrhundert definiert Gesundheitsförderung als einen Prozess der Menschen dazu befähigen soll, mehr Kontrolle über ihre Gesundheit zu erlangen und sie zu verbessern.

Dies ist ein komplexer sozialer und gesundheitspolitischer Ansatz, der nicht nur die Verbesserung von gesundheitsrelevanten Lebensweisen sondern auch die Verbesserung von gesundheitsrelevanten Lebensbedingungen miteinschließt. Die Ottawa-Charta beinhaltet die wichtigsten Aktionsstrategien und Handlungsbereiche der Gesundheitsförderung. Dabei wird zwischen drei grundlegenden Handlungsstrategien und fünf Handlungsebenen/ -bereichen unterschieden, die nachfolgend in Tabelle 1 aufgelistet werden (Kaba-Schönstein, 2017).

Tabelle 1: Mehr-Ebenen-Ansatz der Gesundheitsförderung

Handlungsebenen/ -bereiche der Gesundheitsförderung	Handlungsstrategien
Entwicklung einer Gesundheitsfördernden Gesamtpolitik	Anwaltschaft für Gesundheit
Gesundheitsförderliche Lebenswelten schaffen	Befähigen und Ermöglichen
Gesundheitsbezogene Gemeinschaftsaktionen unterstützen	Vermitteln und Vernetzen
Persönliche Kompetenzen entwickeln	
Gesundheitsdienste neu orientieren	

Quelle: Kaba-Schönstein, 2017

„Anwaltschaft für Gesundheit" meint das aktive Eintreten für die Gesundheit durch die Beeinflussung politischer, ökonomischer, sozialer, kultureller, biologischer Faktoren sowie Umwelt- und Verhaltensfaktoren. Mit „Befähigen und Ermöglichen" wird auf Konzepte wie Empowerment und Kompetenzförderung hingewiesen, ganz im Sinne der Hilfe zur Selbsthilfe. Die aktive und langfristige Kooperation aller Akteure im und außerhalb des Gesundheitswesens wird durch die Strategie des Vermittelns und Vernetzens sichergestellt (Kaba-Schönstein, 2017).

Ein Grundgedanke der Strategie der Gesundheitsförderung ist die Beeinflussung der Determinanten von Gesundheit (vgl. Abbildung 3), durch die Zusammenarbeit verschiedener Politikbereiche. Dazu zählen u. a. Arbeit, Soziales, Bildung, Stadtentwicklung, Umwelt, Ernährung, Verbraucherschutz, Wirtschaft, Familie, Jugend, Frauen und Senioren (Richter & Hurrelmann, 2015).

Abbildung 3: Die Determinanten von Gesundheit

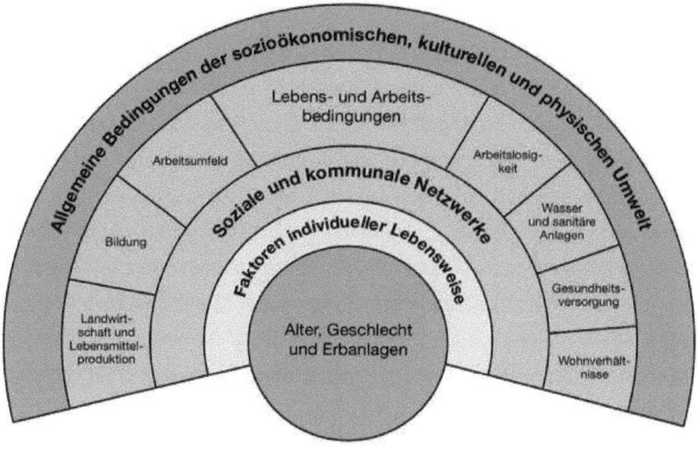

Quelle: Richter & Hurrelmann, 2015

Abbildung 3 veranschaulicht die einzelnen Determinanten von Gesundheit. Den Kern bilden hierbei zwar unveränderliche Aspekte wie Alter, Geschlecht und Erbanlagen, die anderen Teilbereiche können jedoch mit Strategien der Prävention und Gesundheitsförderung positiv verändert werden und somit Einfluss auf die Gesundheit nehmen. Dies geschieht z.B. durch den Ausbau des Angebots an angemessener Ernährung, Hygiene, Bildung, Arbeit und Wohnmöglichkeiten. Die Beeinflussung dieser Determinanten führt dazu, dass die Gesamtheit von Gesundheitspotenzialen in einer Gesellschaft erweitert wird. Hierdurch werden Gesundheitspotenziale gestärkt und Krankheitsrisiken geschwächt. **Gesundheit wird in diesem Modell als Ergebnis eines „Netzes" verschiedener Einflüsse angesehen** (Richter & Hurrelmann, 2015).

Der sog. Settingansatz ist eine Kernstrategie der Gesundheitsförderung. Er ist ausgerichtet auf die Lebensbereiche, Systeme und Organisationen in denen Menschen viel Zeit verbringen wie z.B. Schule, KiTa, Arbeitsplatz, Stadt oder Gemeinde und verbindet die fünf Handlungsebenen von Gesundheitsförderung. Da Gesundheit im Alltag hergestellt und aufrechterhalten wird, muss Gesundheitsförderung auch dort ansetzen (Kaba-Schönstein, 2017). Während bei der Schaffung eines gesundheitsförderlichen Settings die Partizipation der Mitglieder des Settings und der Prozess der systemischen Organisationsentwicklung konzeptionell im Mittelpunkt stehen (z.B. betriebliche Gesundheitsförderung mit Instrumenten wie aktivierenden Belegschaftsbefragungen und Betriebsversammlungen), zielt die Primärprävention und Gesundheitsförderung im Setting darauf ab, Angebote der verhaltensbezogenen Prävention zu platzieren. Ein Beispiel für letzteres wäre z. B. die Platzierung von Ratgebern zur Prävention von Süchten bei Jugendlichen an einem Elternabend (Hartung & Rosenbrock, 2015).

Alle Interventionen, die zur Vermeidung oder Verminderung des Auftretens, der Ausbreitung und der negativen Auswirkungen von Krankheiten oder Gesundheitsstörungen beitragen, werden unter dem Begriff Prävention zusammengefasst. Die Ausschaltung von Krankheitsursachen, Früherkennung und Frühbehandlung von Krankheitsrisiken oder die Vermeidung des Fortschreitens bestehender Erkrankungen sind die typischen Wirkungsweisen von Prävention. Dabei umfasst sie medizinische, psychologische und erzieherische Interventionen, die Beeinflussung von Lebenswelten, gesetzgeberische Eingriffe, Lobbyarbeit und massenmediale Kampagnen. Krankheitsprävention hingegen beschäftigt sich in erster Linie mit Risikogruppen die erwartbare, erkennbare oder bereits in Teilen eingetretene Anzeichen von Krankheiten oder Gesundheitsstörungen aufweisen (Franzkowiak, 2018).

Hinsichtlich des Kontextbezugs der jeweiligen Maßnahme unterscheiden Rosenbrock und Michel (2007) vier verschiedene Ansätze von Prävention, wie nachfolgend tabellarisch dargestellt:

Tabelle 2: Präventionsansätze

Medizinische Prävention	Einsatz von medizinischen Mitteln der Diagnostik und (Früh-)Behandlung wie z.B. Impfungen.
Reine Verhaltensprävention	Medizinische Prävention: „Reine" Verhaltensprävention: Ziel der Änderung von gesundheitsgefährdenden Verhaltensmustern bei Einzelnen oder Gruppen ohne expliziten Kontextbezug wie z.B. Gesundheitskurse und Trainingsangebote durch Krankenkassen.
Verhältnisgestütze Verhaltensprävention	Verhaltenspräventive Interventionen für genau definierte Zielgruppen mit explizitem Kontextbezug, sowie die Nutzung eines Settings als Zugangsweg zu diesen *oder* Integration von Verhältnis- und Verhaltensprävention in Mehr-Ebenen-Kampagnen und in der Gestaltung von lebensstilprägenden Lebenswelten.
Reine Verhältnisprävention	Gesamtheit struktureller und politischer Eingriffe zur Veränderung der gesundheitsrelevanten ökologischen, sozialen, kulturellen und technisch-materiellen Umwelten und Settings, der Beeinflussung von sozialen Re-

	geln, Gesetzen und sozialen Systemen und der Intervention in Einrichtungen der gesundheitlichen Versorgung z.B. durch Normierung von Verbraucherschutz oder Umweltbelastungen.

Quelle: Rosenbrock & Michel, 2007, S. 3–15

Die verhältnisgestützte Verhaltensprävention und die Verhältnisprävention sind nicht trennscharf von der Gesundheitsförderung abzugrenzen. Die GKV verweist hierbei im Leitfaden Prävention zum PrävG auf die Betriebliche Gesundheitsförderung und auf Gesundheitsförderung in KiTas, Schulen, Gemeinden sowie Quartieren (Franzkowiak, 2018).

A3) Analyse der Typen des Wohlfahrtsstaates

Sozialpolitik ist das Mittel um die Arbeitsproduktivität und den allgemeinen Wohlstand einer Gesellschaft sicherzustellen. Dies geschieht in einem modernen Sozialstaat auf mehreren Dimensionen: der institutionellen (beteiligte Institutionen und Organisationen), der politisch-ideologischen (Staatsform, Detailregelungen in Gesetzen und Verwaltungsvorschriften) und der sozio-kulturellen (Orientierung an den individuellen Bedürfnissen der Gesellschaft, für das jeweilige Land typische Kultur der Leistungsgewährung) (Butterwegge, 2018, S. 25). Jedes Land betreibt seine eigene Sozialpolitik. Um dies besser vergleichbar zu machen, können die Länder in Gruppen oder Idealtypen eingeteilt werden. So werden Wohlfahrtsstaaten z.B. nach Bismarck- und Beveridge-Typ unterschieden (vgl. dazu Abb. 4). Während erstere sich auf die beitragsfinanzierten Sozialversicherungen stützen, die meist an (abhängige) Erwerbsarbeit gekoppelt sind, stellen letztere eine durch Steuern finanzierte Mindestsicherung für alle Mitglieder einer Staates dar (Oschmiansky & Berthold, 2020).

Abbildung 4: Vergleich Bismarck- und Beveridge-Modell

	Versicherungsmodell (Bismarck-Modell)	Fürsorgemodell (Beveridge-Modell)
Gesicherte Person	Gruppe der versicherten Arbeitnehmer (Erwerbstätige)	gesamte Bevölkerung
Finanzierung	Beiträge nach Löhnen/Gehältern	Steuern
Geldleistungen	Bemessung auf der Grundlage der ausgefallenen Löhne/Gehälter	einheitliche Pauschalleistungen
Sachleistungen	Sachleistungen der Versicherung oder im Wege der Kostenerstattung	kostenlos
Verwaltung	zum Teil privat, häufig paritätisch (Arbeitnehmer und Arbeitgeber)	öffentlich
Transferintensität	niedrig	hoch

Quelle: Oschmiansky & Berthold, 2020; zitiert nach Schmid, Josef, 2002

Obwohl die Hauptziele aller Sozial- bzw. Wohlfahrtsstaaten innerhalb der Europäischen Union (EU) auf die Bewältigung der klassischen Standardrisiken einer modernen Gesellschaft der heutigen Zeit (wie Krankheit, Alter, Unfall, Arbeitslosigkeit, Pflege, Erziehung, Bildung, Familie, Armut, aktive Arbeitsmarkt- und Beschäftigungspolitik und Konsumentenschutz) gerichtet sind, agieren diese in Betracht auf ihre Grundeinstellung zur Lösung von sozialen Problemen doch sehr unterschiedlich. Hierfür gibt es mehrere Gründe. Vorneweg kann hier der individuelle sozialökonomische Problemdruck des jeweiligen Wohlfahrtstaates (z.B. bzgl. Wirtschaftswachstum, Arbeitslosigkeit) genannt werden. Zu dem unterscheidet sich die Verteilung der Machtressourcen sowie die Organisations- und Konfliktfähigkeit gesellschaftlicher Gruppierungen innerhalb der einzelnen Länder stark. Die Ausgestaltung des jeweiligen Sozial- bzw. Wohlfahrtstaates wird des Weiteren immens von der jeweilig regierenden Partei und internationalen Faktoren wie der Globalisierung und den Aktivitäten innerhalb der EU beeinflusst. Zu guter Letzt sind auch politisch-institutionelle Determinanten wie in der Vergangenheit eingeschlagene, nur schwer revidierbare Entwicklungspfade für die Unterschiedlichkeit einzelner Wohlfahrtsstaaten verantwortlich (Schmid, 2020).

Das aktuell bedeutsamste Modell zur Unterscheidung von Wohlfahrtsstaaten stammt vom dänischen Soziologen Gøsta Esping-Andersen. Dieser unterscheidet die folgenden drei Typen:

1. Den liberalen Wohlfahrtsstaat,

2. den konservativ-korporatistischen (auch: kontinentaleuropäischen) Wohlfahrtsstaat

   sowie,

3. den sozialdemokratischen Wohlfahrtsstaat (Schmid, 2020).

Abbildung 5 stellt die genannten drei Typen gegenüber, bevor diese gesondert genauer betrachtet werden.

Abbildung 5: Typen des Wohlfahrtsstaates

Liberaler Wohlfahrtsstaat	Konservativ-korporatistischer Wohlfahrtsstaat	Sozialdemokratischer Wohlfahrtsstaat
limitierte Sozialleistungen für Niedriglohngruppen	Erhaltung von Status- und Gruppenunterschieden	universale Leistungen
Ermunterung privater Wohlfahrt	Erhaltung traditioneller Familienstrukturen	"Gleichheit höchsten Standards statt Gleichheit der Minimalbedürfnisse"
strenge Anspruchsvoraussetzungen	untergeordnete Rolle von Betriebs- und Privatleistungen	identische Rechte für Arbeitgebende, Arbeitnehmende und Beamte

Quelle: Oschmiansky & Berthold, 2020; zitiert nach Bolkovac, Martin, 2007

Liberaler Wohlfahrtsstaat

Der liberale Wohlfahrtsstaat betrachtet soziale Probleme als unumgängliche Begleiterscheinungen des sozialen Wandels, die durch staatliche Eingriffe weder behoben noch ausgeschlossen werden können. Derartige Eingriffe werden sogar als schädlich für die wirtschaftlichen Selbstheilungskräfte angesehen (Butterwegge, 2018, S. 26). Der Fokus liegt bei diesem Modell viel mehr auf Unterstützung durch den freien Markt und die Familie. Soziale Anspruchsrechte fallen im Vergleich zu den anderen Typen sehr gering aus und gehen mit individuellen Bedürftigkeitsprüfungen einher. Gewährte Leistungen fallen vergleichsweise ebenfalls schwach aus und sind oft mit sozialer Stigmatisierung verbunden. Auch wenn für Bildung durchschnittlich mehr Geld ausgegeben wird, herrscht in diesem Wohlfahrtstaatsmodell überwiegend institutionalisierter Zwang zur Lohnarbeit und die vorherrschende soziale Unsicherheit wird für Staatszwecke verwendet. Als Beispiele können die USA, Kanada und Australien genannt werden (Schmid, 2020).

Konservativ-korporatistischer Wohlfahrtsstaat

Soziale Problemlagen werden im konservativ-korporatistischen Wohlfahrtsstaat als störend für die bestehende Ordnung angesehen. Die Wiederherstellung dieser Ordnung steht hierbei viel mehr im Fokus als die Behebung der entstandenen Nöte (Butterwegge, 2018, S. 26). Dieser Typ fußt auf dem Bismarckschen Sozialversicherungsmodell und ist dementsprechend stark lohnarbeits- und sozialversicherungszentriert. Dies hat zur Folge, dass die soziale Ungleichheit meist relativ groß bleibt. Christliche und korporatistische Kräfte haben hierbei großen Einfluss und der konservative Charakter der vergangenen Regime ist z.B. in Anbetracht der Erhaltung traditioneller Familienstrukturen bis heute spürbar. Beispiele für diesen Typ sind Deutschland, Frankreich und Österreich (Schmid, 2020).

Sozialdemokratischer Wohlfahrtsstaat

Das Auftreten von sozialen Problemen wird im sozialdemokratischen Wohlfahrtsstaat als ernstzunehmendes Phänomen betrachtet und gleichzeitig als Zeichen des sozialen Fortschritts gedeutet. Es wird versucht sozialen Notlagen präventiv entgegenzuwirken, indem der Fokus der Problemlösung auf die Entwicklung und Institutionalisierung problemgerechter Maßnahmen gelegt wird (Butterwegge, 2018, S. 26). Soziale Bürgerrechte sind die Anspruchsgrundlage dieses Typs, der die universelle Versorgung seiner Bürger auf qualitativ und quantitativ höchstem Niveau anstrebt. Durch die aktive Arbeitsmarktpolitik und die vergleichsweise außerordentliche Wirtschaftspolitik wird ein hohes Maß an Vollbeschäftigung und sozialer Gerechtigkeit erzeugt. Dies spiegelt sich ebenfalls in der Bildungspolitik sozialdemokratischer Wohlfahrtsstaaten, wie bspw. Schweden, Dänemark und Norwegen, nieder (Schmid, 2020).

Literaturverzeichnis

Althammer, J. & Lampert, H. (2014). *Lehrbuch der Sozialpolitik* (9. Auflage). Berlin: Springer Gabler.

Amthor, R. C. (2003). *Die Geschichte der Berufsausbildung in der Sozialen Arbeit. Auf der Suche nach Professionalisierung und Identität.* Weinheim, Basel: Beltz Juventa.

Amthor, R. C. (2016). *Einführung in die Berufsgeschichte der Sozialen Arbeit* (Studienmodule Soziale Arbeit, 2., überarbeitete Auflage). Weinheim, Basel: Beltz Juventa.

Bäcker, G. (2015). Soziale Sicherung. Die Sozialversicherung. In H.-U. Otto & H. Thiersch (Hrsg.), *Handbuch Soziale Arbeit:. Grundlagen der Sozialarbeit und Sozialpädagogik* (5., erw. Aufl., S. 1519–1523). München: Ernst Reinhardt.

Benz, B., Huster, E.-U., Schütte, J. D. & Boeckh, J. (2015). *Sozialpolitik – ein systematischer Überblick.* Zugriff am 10.12.20. Verfügbar unter: https://www.bpb.de/izpb/214322/sozialpolitik-ein-systematischer-ueberblick

Bormann, C. (2012). *Gesundheitswissenschaften. Einführung* (UTB Gesundheitswissenschaften, Bd. 3788). Konstanz: UVK-Verl.-Ges. Verfügbar unter: http://www.utb-studi-e-book.de/9783838537887

Bundesministerium für Gesundheit. (2019). *Präventionsgesetz.* Zugriff am 19.12.20. Verfügbar unter: https://www.bundesgesundheitsministerium.de/service/begriffe-von-a-z/p/praeventionsgesetz.html

Bundeszentrale für politische Bildung. (2013). *Der deutsche Sozialstaat.* Zugriff am 03.12.20. Verfügbar unter: https://www.bpb.de/politik/grundfragen/24-deutschland/40475/sozialstaat

Butterwegge, C. (2018). *Krise und Zukunft des Sozialstaates* (6., aktualisierte Auflage). Wiesbaden, Germany: Springer VS. Verfügbar unter: http://www.springer.com/

Franzkowiak, P. (2018). *Prävention und Krankheitsprävention* (Bundeszentrale für gesundheitliche Aufklärung, Hrsg.). Zugriff am 28.12.20. Verfügbar unter: https://www.leitbegriffe.bzga.de/alphabetisches-verzeichnis/praevention-und-krankheitspraevention/ https://doi.org/10.17623/BZGA:224-i091-2.0

Gerlich, M., Schwartz, F. W. & Walter, U. (2018). *Gesundheitsziele.* Bundeszentrale für gesundheitliche Aufklärung. Verfügbar unter: https://www.leitbegriffe.bzga.de/alphabetisches-verzeichnis/gesundheitsziele/ https://doi.org/10.17623/BZGA:224-i062-2.0

Gerlinger, T. (2018). *Präventionsgesetz.* Bundeszentrale für gesundheitliche Aufklärung. Zugriff am 19.12.20. https://doi.org/10.17623/BZGA:224-i092-2.0

Gerlinger, T. & Burkhardt, W. (2012a). *Die gesetzliche Krankenversicherung im System der sozialen Sicherung.* Bundeszentrale für politische Bildung. Zugriff am 03.12.20.

Verfügbar unter: https://m.bpb.de/politik/innenpolitik/gesundheitspolitik/72496/gkv-soziale-sicherung

Gerlinger, T. & Burkhardt, W. (2012b). *Das Gesundheitswesen in Deutschland – Ein Überblick.* Bundeszentrale für politische Bildung. Zugriff am 18.12.20. Verfügbar unter: https://www.bpb.de/politik/innenpolitik/gesundheitspolitik/72547/gesundheitswesen-im-ueberblick

Gesellschaft für Versicherungswissenschaft und -gestaltung e.V. (o. J.). *Nationale Gesundheitsziele.* Zugriff am 19.12.20. Verfügbar unter: https://gesundheitsziele.de/nationale_gz

Hartung, S., Dieterich, A. & Rosenbrock, R. (2020). *Gesundheitspolitik.* Bundeszentrale für gesundheitliche Aufklärung. Zugriff am 18.12.20. Verfügbar unter: https://www.leitbegriffe.bzga.de/alphabetisches-verzeichnis/gesundheitspolitik/ https://doi.org/10.17623/BZGA:224-i058-2.0

Hartung, S. & Rosenbrock, R. (2015). *Settingansatz / Lebensweltansatz.* Bundeszentrale für gesundheitliche Aufklärung. Zugriff am 19.12.20. Verfügbar unter: https://www.leitbegriffe.bzga.de/alphabetisches-verzeichnis/settingansatz-lebensweltansatz/ https://doi.org/10.17623/BZGA:224-i106-1.0

Hentschel, V. (1983). *Geschichte der deutschen Sozialpolitik (1880-1980). Soziale Sicherung und kollektives Arbeitsrecht* (4. Aufl.). Frankfurt am Main: Soziale Sicherung und kollektives Arbeitsrecht; Suhrkamp.

Hurrelmann, K. & Franzkowiak, P. (2015). *Gesundheit.* Bundeszentrale für gesundheitliche Aufklärung. Zugriff am 18.12.20. Verfügbar unter: https://www.leitbegriffe.bzga.de/alphabetisches-verzeichnis/gesundheit/ https://doi.org/10.17623/BZGA:224-i023-1.0

Kaba-Schönstein, L. (2017). *Gesundheitsförderung 1: Grundlagen.* Bundeszentrale für gesundheitliche Aufklärung. Zugriff am 28.12.20. Verfügbar unter: https://www.leitbegriffe.bzga.de/alphabetisches-verzeichnis/gesundheitsfoerderung-1-grundlagen/ https://doi.org/10.17623/BZGA:224-i033-1.0

Kaufmann, F.-X. (2003). *Sozialpolitisches Denken. Die deutsche Tradition* (2. Edition). Frankfurt am Main: Suhrkamp Verlag.

Möller, R. (2019). *Finanzierung und Organisation des Sozialstaates.* Wiesbaden: Springer Gabler. Verfügbar unter: http://www.springer.com/

Oschmiansky, F. & Berthold, J. (2020). *Wohlfahrtsstaatliche Grundmodelle.* Bundeszentrale für politische Bildung. Zugriff am 29.12.20. Verfügbar unter: https://www.bpb.de/politik/innenpolitik/arbeitsmarktpolitik/305930/wohlfahrtsstaatliche-grundmodelle

Oschmiansky, F. & Kühl, J. (2010). *Wohlfahrtsstaatliche Grundmodelle,* Bundeszentrale für politische Bildung. Zugriff am 02.12.20 Verfügbar unter: https://www.bpb.de/politik/innenpolitik/arbeitsmarktpolitik/55072/wohlfahrtsstaatliche-grundmodelle

Pollert, A., Kirchner, B. & Pollert, M. C. (2016). Versorgungsprinzip. In A. Pollert, B. Kirchner & M. C. Pollert (Hrsg.), *Duden Wirtschaft von A bis Z:. Grundlagenwissen für Schule und Studium, Beruf und Alltag* (Duden, 6. Auflage, S. 201). Berlin: Dudenverlag.

Pötzsch, H. (2009). *Sozialstaat.* Bonn: Bundeszentrale für politische Bildung. Zugriff am 03.12.20. Verfügbar unter: https://www.bpb.de/politik/grundfragen/deutsche-demokratie/39302/sozialstaat

Richter, M. & Hurrelmann, K. (2015). *Determinanten von Gesundheit.* Bundeszentrale für gesundheitliche Aufklärung. Zugriff am 18.12.20. Verfügbar unter: https://www.leitbegriffe.bzga.de/alphabetisches-verzeichnis/determinanten-von-gesundheit/ https://doi.org/10.17623/BZGA:224-i008-1.0

Roggenthin, K. (2017). *Allgemeine Soziologie - Einführung. Titel-Nr.: 1315-01* (1. Auflage). Riedlingen: Studienbrief der SRH Fernhochschule.

Rosenbrock, R. & Michel, C. (2007). *Primäre Prävention. Bausteine für eine systematische Gesundheitssicherung* (Berliner Schriftenreihe Gesundheitswissenschaften). Berlin: MWV Med. Wiss. Verl.-Ges. Verfügbar unter: http://deposit.d-nb.de/cgi-bin/dokserv?id=2859135&prov=M&dok_var=1&dok_ext=htm

Schmid, J. (2020). *Wohlfahrtsstaat in Europa.* Bundeszentrale für politische Bildung. Zugriff am 29.12.20. Verfügbar unter: https://www.bpb.de/nachschlagen/lexika/das-europalexikon/177357/wohlfahrtsstaat-in-europa

Trinius, S. & Hetterich, M. (2009). *Das deutsche Sozialversicherungssystem,* Bundeszentrale für politische Bildung. Zugriff am 02.12.20 Verfügbar unter: https://www.bpb.de/politik/grundfragen/24-deutschland/40478/sozialversicherungssystem

Trinius, S. & Hetterich, M. (2013). *Der deutsche Sozialstaat,* Bundeszentrale für politische Bildung. Zugriff am 07.12.20 Verfügbar unter: https://www.bpb.de/politik/grundfragen/24-deutschland/40475/sozialstaat

Vester, H.-G. (2009). *Kompendium der Soziologie I: Grundbegriffe* (1. Aufl.). Wiesbaden: VS Verlag für Sozialwissenschaften / GWV Fachverlage GmbH Wiesbaden. https://doi.org/10.1007/978-3-531-91345-2

Weber, M. (1985). *Gesammelte Aufsätze zur Wissenschaftslehre* (Johannes Winckelmann, Hrsg.). Tübingen. Zugriff am 03.12.20. Verfügbar unter:

http://www.zeno.org/Soziologie/M/Weber,+Max/Schriften+zur+Wissenschafts-
lehre/Soziologische+Grundbegriffe/%C2%A7+I.+Begriff+der+Soziolo-
gie+und+des+%C2%BBSinns%C2%AB+sozialen+Handelns/II.+Begriff+des+sozia-
len+Handelns

World Health Organization. (1948). *CONSTITUTION OF THE WORLD HEALTH OR-
GANIZATION*. Zugriff am 18.12.20. Verfügbar unter:
https://apps.who.int/gb/bd/PDF/bd47/EN/constitution-en.pdf

Anlagen

Anlage 1: Nationale Gesundheitsziele

1.	Diabetes mellitus Typ 2: Erkrankungsrisiko senken, Erkrankte früh erkennen und behandeln.
2.	Brustkrebs: Mortalität vermindern, Lebensqualität erhöhen.
3.	Tabakkonsum reduzieren.
4.	Gesund aufwachsen: Lebenskompetenz, Bewegung, Ernährung.
5.	Gesundheitliche Kompetenz erhöhen, Patientensouveränität stärken.
6.	Depressive Erkrankungen: verhindern, früh erkennen, nachhaltig behandeln.
7.	Gesund älter werden.
8.	Alkoholkonsum reduzieren.
9.	Gesundheit rund um die Geburt.

Quelle: Gesellschaft für Versicherungswissenschaft und -gestaltung e.V., o. J.